Hannovers

Verfassungs- und Verwaltungs-Organisation

vor dem Abgeordnetenhause zu Berlin.

Von

Fachtmann,

Regierungsrath und Kreishauptmann zu Osterholz.

Abdruck aus dem XXI. Bande der Preußischen Jahrbücher.

Berlin.

Druck und Verlag von Georg Reimer.

1868.

Die Verhältnisse der im Jahre 1866 dem preußischen Staate einverleibten neuen Provinzen und ihrer früheren Fürsten haben anhaltende und lebhafte Erörterungen im Abgeordneten-Hause zu Berlin hervorgerufen. Die Abfindungen der Depossedirten und die Ausstattung der Provinzen Hessen und Hannover mit Provinzialfonds sind, erstere stillschweigend, letztere nicht ohne lebhaften Kampf, von der preußischen Landesvertretung gutgeheißen. Dagegen sind die Verwaltungs-Organisationen, soweit dieselben nicht bereits vor dem 1. October 1867 von der Regierung allein geordnet waren, also namentlich für Hannover und Schleswig-Holstein, noch nicht völlig zum Abschlusse gebracht. Bei den Verhandlungen darüber sind die hannoverschen Einrichtungen stark in den Vordergrund getreten. Es haben sowohl die Bewilligung des Provinzialfonds wie die in Aussicht genommenen Verwaltungs-Aenderungen eine, auch die altpreußischen Einrichtungen in Frage stellende Rückwirkung auf die alte Monarchie geäußert.

Es erscheint deshalb wohl an der Zeit, die Erörterung der auf der politischen Arena zu Berlin offen gebliebenen Fragen in der Presse fortzusetzen. Vor Allem wird es darauf ankommen, bei den entscheidenden Factoren, also bei der Regierung und Landesvertretung, eingehende Kenntniß und volles Verständniß des neu zu ordnenden Gebietes zu fördern. Beides konnte, soweit Hannover in Betracht kam, den mit Uebergangsarbeiten überhäuften und in Altpreußen herangewachsenen Regierungsbeamten nur unvollkommen, mußte den Abgeordneten in noch geringerem Maße zu Gebote stehen. Denn beides ist nicht aus Acten und Budgetzahlen, sondern nur aus Erfahrung und unmittelbarer Anschauung zu gewinnen. Sodann handelt es sich bei den angeregten ferneren Organisationsarbeiten nicht blos um die allgemeinen Grundsätze — größere provinzielle Selbständigkeit, Beamtenverminderung, Selbstverwaltung &c. — über deren Vortrefflichkeit alle Parteien ungefähr eben so einig sind, wie sie es früher über ein großes einiges Deutschland waren; sondern es handelt sich um den Punkt, wo, und die Art, wie der Wirklichkeitshebel eingesetzt werden soll. Daß das Zweierlei ist, hat der erste Anlauf zur provinziellen Verselbständigung, der hannoversche Provinzialfonds, dargethan.

Von diesen Gesichtspunkten aus — zur Förderung der Erkenntniß des Vorhandenen und des Urtheils über das Werdende — sind die nachfolgenden Bemerkungen niedergeschrieben. Ihr Verfasser hat seit 30 Jahren in der unteren, mittleren und centralen hannoverschen Verwaltung gearbeitet, die letzten 12 Jahre als Vorstand eines Amtes. Die altpreußische Verwaltung kennt derselbe, soweit sie nicht in seiner Heimath bereits eingebürgert ist, aus eigener Erfahrung nicht. Er wird das ne sutor supra crepidam! beachten.

I. Verfassung und Verwaltung vor 1866.

Wegen des Zusammenhangs der Verwaltungs- mit der Provinzialverfassungsfrage wird ein kurzer Rückblick auf die frühere Verfassung, sowie zum Verständniß der erstern auf die frühere Verwaltung am Platze sein.

Nach den Freiheitskriegen wurden die, bis dahin mehr oder weniger staatlich selbständigen Provinzen Hannovers durch die Hand des Grafen Münster zu einem einheitlichen Staatswesen zusammengeschweißt. Die bestehenden altständischen Provinzialverfassungen, erweitert durch Vertreter des freien bäuerlichen Grundbesitzes, behielten provinzielle Zuständigkeit. Die allgemeinen Landesangelegenheiten gingen auf die allgemeine Ständeversammlung über, deren erste Kammer im Wesentlichen aus Deputirten der Ritterschaften, deren zweite Kammer aus Vertretern der Städte, des freien Grundbesitzes, des Clerus ꝛc. bestand.

Ungefähr gleichzeitig mit der Verfassungsumgestaltung von 1819 erfolgte von 1821 bis 1824 die Neugestaltung der Verwaltung. (Gesetz vom 13. März 1821 über die verbesserte Verfassung der Patrimonialgerichte. Edict vom 12. October 1822 über die Verwaltungs-Organisation.) Die untere Verwaltung wurde von Patrimonialgerichten, Magistraten und Aemtern wahrgenommen, die mittlere wurde sechs Landdrosteien und einer Berghauptmannschaft übertragen. Die Centralverwaltung ging auf das Cabinetsministerium über. Im Jahre 1848 waren noch 157 königliche und standesherrliche Aemter, Gerichte, Amtsvogteien, 55 städtische Magistrate, 85 Patrimonialgerichte und 12 Kirchspielsgerichte im Lande Hadeln, mithin 309 richterlich-obrigkeitliche Behörden für 1¾ Millionen Einwohner vorhanden (statistisches Handbuch von Harseim und Schlüter S. 5). Aehnliche Einrichtungen bestehen noch jetzt in Schleswig-Holstein.

Wie die Verfassungsänderungen in einer Condensirung der Provinzialverfassungen unter Beibehaltung provinzieller und altständischer Grundlagen bestanden, so bildeten auch die Grundzüge des Organisations-Edicts von 1822 die Unterlage der spätern Verwaltungs-Organisationen Hannovers. Die Schöpfungen der zwanziger Jahre waren das Werk eines vornehmen aristokratischen Staatsmannes, des Grafen Münster. Sie tragen, wenn auch nach damaligen Zeitverhältnissen liberal zu nennen, doch ein patrimonialstaatliches, überwiegend aristokratisches Gepräge. Die Verfassungs- und Verwaltungsumgestaltungen nach 1848 führte, ein Menschenalter später, ein bürgerlicher Mann, der Bürgermeister Stüve aus Osnabrück, in's Leben. In ihnen trat das in Hannover überwiegende Bauern- und Bürgerthum in den Vordergrund. Stüve war in der Lokalverwaltung herangereift, nicht ohne Einseitigkeiten, ein Kenner und Verehrer altgermanischer Freiheit und Selbstverwaltung. Sein Werk hat manche Correcturen erdulden müssen; in Einzelheiten mit Grund. Seine Hauptgedanken sind stehen geblieben und haben sich bewährt. Münster schuf in Verfassung und Verwaltung $18\frac{1}{2}\frac{8}{2}$ den hannoverschen *Staat*. Der *innere Um- und Ausbau* desselben von $18\frac{4}{5}\frac{9}{2}$ war Stüve's Werk. Die Verwaltungs-Organisation von 1852 beseitigte die Patrimonialgerichte, Rechtspflege und Verwaltung wurden getrennt. Obrigkeitliche Stellungen behielten nur auf dem Lande die Aemter, in den selbständigen Städten die Magistrate bezw. königlichen Polizeidirectionen. Eine Städteordnung regelte die Verhältnisse der Städte, eine Landgemeindeordnung diejenigen der Landgemeinden. Eine unter Berücksichtigung der Concurrenz zu den Gemeindelasten und des Interesses an den Gemeindeangelegenheiten klassenweise autonomisch geregelte Stimmordnung, freie Wahl der Vorsteher, Selbstverwaltung mit dem Erforderniß höherer Genehmigung in bestimmt bezeichneten Fällen (bei Bezirks-, Verfassungs-, Lastenfuß-Aenderungen, Vermögensveräußerungen u. s. w.), in größeren Gemeinden Vertretung der stimmberechtigten Gemeindemitglieder durch einen Gemeinderath, Handhabung der Flur- und Feldmarks-Polizei durch die Gemeindebeamten nebst entsprechender Strafzuständigkeit, selbständige Handhabung des Rechnungs- und Beitrags-Wesens lediglich unter staatlicher Oberaufsicht charakterisiren dieselbe. Gleiche, zum Theil noch größere Selbständigkeit war den Kirchen- und Schul-Gemeinden rücksichtlich ihrer vermögensrechtlichen Angelegenheiten bereits 1848 verliehen, unter Ausrüstung derselben mit Kirchen- und Schulvorständen. Die Zuständigkeit der früheren Kirchenvorstände ist später auf die, das gesammte kirchliche Gebiet (auch die interna) umfassenden Kirchenräthe übertragen.

Jene Land-, Stadt-, Kirchen- und Schul-Gemeindeordnungen sind seit länger als 15 Jahren, wenn auch mit einzelnen Modificationen, in Geltung, haben wiederholte Angriffe und Aenderungs-Versuche überdauert, die Betheiligten befriedigt, ihre Stelle im Staatsorganismus wohl ausgefüllt und sind auch während der Dictatur von 18$\frac{66}{67}$ unversehrt geblieben. In ihnen ist ein gesunder, der hannoverschen Agrarverfassung mit überwiegend bäuerlichen Besitzungen entsprechender, auf Selbstverwaltung durch unbesoldete Genossen und Fernhaltung staatlicher Bevormundung ohne Independentismus basirter Grundbau für das gemeindliche, staatliche und kirchliche Leben vorhanden.

Die nächste Zuständigkeit über den Gemeinden, die obrigkeitliche, wie man sie bei uns vorzugsweise bezeichnet, ist in den Stadtgemeinden (abgesehen von wenigen Polizeidirectionen) bei den Magistraten, welche gleichzeitig Gemeinde- und Staatsorgane sind, auf dem Lande bei den Aemtern; bis 1852 waren dieselben zugleich Gerichte erster Instanz. Mit der veränderten Organisation wurde die Rechtspflege von der Verwaltung getrennt.

Geblieben sind aber unter allen Umgestaltungen mit geringen Abweichungen: geschichtliche Bezirksabgrenzungen und Amtssitze, Zusammenfassung fast aller staatlichen Functionen, die richterlichen ausgenommen, in der untern Instanz, Uebereinstimmung der obrigkeitlichen und Gerichts-Sprengel.

Die leitenden Gedanken bei diesen Organisationen von 1852 sind in einem Regierungsschreiben vom 1. Februar 1849 an die derzeitigen Stände*) in so ausgezeichneter Weise dargelegt, daß deren wörtliche Anführung hier am Platze erscheint. Sie werfen zugleich auf die vorerwähnte Gemeinde-Gesetzgebung und auf die verschiedenen neuerdings im Abgeordneten-Hause zu Berlin zu Tage getretenen Anschauungen ein vortreffliches Schlaglicht. Es heißt dort:

„Wir sind nun bei den gesammten Organisationsplänen von der Ansicht ausgegangen, daß die Obliegenheit der Regierung nicht in einer Leitung und Bestimmung der Gesammtthätigkeit des Volkes besteht, sondern daß sich dieselbe vielmehr beschränkt auf die Vertheidigung des Staates nach außen, den Schutz des Rechts und der Ordnung im Innern, und die Herbeischaffung der Mittel zu beiden durch Verwaltung der Steuern, des Eigenthums und der sonstigen Anstalten des Staates. Die Zahl und Bedeutung dieser Anstalten, deren bedeutendste die Communicationsmittel, Chausseen, Canäle, Eisenbahnen und Bildungs-Anstalten sind, zu denen aber auch Straf-, Heil- und Gewerbeanstalten gehören, sowie die Ausdehnung des Staatseigenthums, namentlich an Grund und Boden, Gütern, Forsten, Bergwerken und sonstigen Ge-

---

*) Actenstücke der zehnten allgemeinen Ständeversammlung des Königreichs Hannover von 1849, Seite 248.

werbebetrieben, bestimmt den Umfang der eigenen Verwaltung des Staates."

„In die Verwaltung des Vermögens und der Anstalten der Privaten, Gemeinden und Corporationen hat er sich dagegen nicht zu mischen. Jedoch gebührt ihm auch hier eine ordnende und eine die gegebene Ordnung aufrecht erhaltende Gewalt. Jene äußert sich durch die Gesetzgebung, diese durch die Aufsicht, und die Handhabung dieser ist abermals einer der Hauptangelpunkte, um welchen sich die Entscheidung über das Zuviel im Regieren bewegt."

„Das Regierungswesen der neuern Zeit hat hier die Grenzen nicht gehörig festgehalten. Es hat theils die Staatsanstalten ungemein vermehrt, theils die Einwirkung auf Vermögen, Thätigkeit und Anstalten der Einzelnen, Gemeinden und Corporationen so sehr erweitert, daß aus der nothwendigen Beschränkung der Freiheit, welche daraus erwachsen mußte, eine unversiegbare Quelle der Unzufriedenheit geworden ist."

„Vermehrt ist diese durch die Bildung der Verwaltungsbehörden selbst. Letztere sind hervorgegangen aus Justiz-Collegien, haben wenigstens alle früher allerdings vorhandenen anderen Elemente allmählig entfernt. Daher ist ein Geist des Formalismus in ihnen einheimisch geworden, der um so schlimmer war, je weniger er, zumal in den höheren Instanzen, durch unmittelbare Anschauung und Handhabung der Sachen und des Lebens gemildert wurde."

„Die Widersprüche, in welche das Regierungswesen durch diesen Formelkram und das Einmischen in zu viele Dinge mit dem Leben gerieth, und welche nicht selten zur Lächerlichkeit ausarteten, haben die Fortdauer dieses Systems überall unmöglich gemacht."

„Auf der andern Seite darf nicht verkannt werden, daß das System auch sein Gutes mit sich geführt hat. Es hat dasselbe vor Allem für die Menschen viel Bequemes gehabt."

„Indem es sorgfältig alle Mißbräuche überwachte und verhütete, gewöhnte es an einen hohen Grad von Ordnung und Sicherheit ohne eigene Kraftanstrengung."

„Indem es einfach dem Einzelnen Arbeiten abnahm, machte es das Leben leicht und bequem."

„Indem es mancherlei that zur Förderung des gemeinen Wohlstandes, ist es besonders den Leuten von mittlerer und geringer Geisteskraft, also der Menge, zu Gute gekommen."

„Es ist nicht zu leugnen, daß auf diese Weise die Völker bequem, weichlich, muth- und kraftlos geworden sind, daß sie nicht verstehen, sich selbst zu rathen, zu helfen und zu schützen, daß sie fortwährend die Wohlthaten jenes entwickelten Regierungswesens verlangen, fortwährend geneigt sind, an die Regierung und die Behörden insbesondere Forderungen zu stellen, welche außerhalb der eigentlichen Sphäre ihrer Thätigkeit liegen, aber die mit diesen Wohlthaten verbundenen Uebel unerträglich finden."

„Man fordert zugleich Freiheit und Polizei, beides in größter Ausdehnung und beides ohne die Kraft oder die Resignation es zu ertragen."

„Diese Betrachtungen lassen erkennen, nach welchen Zwecken zu streben ist, nämlich:

1. nach Beschränkung der Staatsverwaltung auf ihre nothwendige Thätigkeit;
2. nach Beseitigung des fruchtlosen Formalismus;
3. nach Herbeischaffung vollständiger Sachkenntniß und praktischer Ausbildung für die ferner zu handhabenden Gegenstände."

„Es ergiebt sich aber auch ferner, daß in Rücksicht auf das erste Ziel nur mit Vorsicht und nur allmählig vorgeschritten werden darf, sowie das zweite in der That durch das dritte bedingt ist, daß Aufgeben der Form ohne volle Einsicht in das Wesen nur zur Auflösung führen könnte."

„Eine Vermittlung der widersprechenden Tendenzen im Volke und eine angemessene Verbindung der Sachkunde mit der formellen Geschäftsordnung wird zunächst dadurch herbeizuführen sein, daß möglichst viele Geschäfte nicht, wie in der letzten Zeit, von den Behörden allein, sondern wie früher von den Behörden und Unterthanen gemeinschaftlich berathen und ausgeführt werden."

„In dieser durchgeführten Theilnahme des Volkes an der Verwaltung liegt das erste und wesentlichste Mittel, allmählig wieder ohne Erschütterung des gemeinen Wohls zur Selbstregierung des Volkes überzugehen, und den Staat von dem Uebermaße fremdartiger und kleinlicher Thätigkeit zu entlasten."

„Da eine solche Gemeinschaftlichkeit des Handelns im Ständewesen für die höchsten Stufen der Staatsthätigkeit festgestellt ist, so wird solche für die unteren Stufen um so weniger zu entbehren sein, als einmal die nothwendige Uebereinstimmung des ganzen Staatswesens es erfordert, und daneben im Volke ungleich leichter die geistige Befähigung zur Besorgung der unmittelbaren Geschäfte des Lebens gefunden wird, als zur Gewinnung der allgemeinen Resultate, die in der Gesetzgebung und den Grundsätzen der obersten Staatsverwaltung hervortreten sollen."

„Aber auch da, wo diese Theilnahme des Volkes nicht unmittelbar eintreten kann, ist es erforderlich, dasselbe der Verwaltung näher zu stellen, als dieses bisher der Fall war. Es gilt demgemäß, den Grundsatz der Oeffentlichkeit auch in der Verwaltung durchzuführen."

„Daß diese hier anders als im Gerichtswesen in's Leben treten muß, liegt auf der Hand. Aehnlich aber wie es den allgemeinen Ständen schon bisher frei stand, von dem Gange der Verwaltung in ihrem höchsten Kreise Kenntniß zu nehmen, ähnlich wird auch dem Volke Gelegenheit zu geben sein, durch seine Vertreter von der Behandlung der ihm zunächst liegenden Interessen durch die Regierung sich zu überzeugen. Nur so wird das auch die wohlwollendsten Schritte der Regierung verdächtigende Mißtrauen zu beseitigen, und nur so die zur Selbstregierung des Volkes erforderliche praktische Durchbildung desselben zu erreichen sein."

„Dem muß ferner die Entwickelung einer möglichst freien Thätigkeit der Gemeinde hinzutreten. Der Staat muß nichts besorgen wollen, wozu die Gemeinde im Stande ist, und er muß diese nicht leiten wollen, wo die Ausübung seines allgemeinen Aufsichtsrechts genügt. So ist zu hoffen, daß das Interesse der Einzelnen am Gemeinwesen in seiner nächstliegenden Gestalt erstarke; das ist der Kreis, in dem ein Jeder zunächst für das öffentliche Leben zu wirken berufen und verpflichtet ist, und nur wenn so die Kräfte in ihre richtige Bahn geleitet werden, kann es gelingen, sie für das Ganze heilbringend zu machen und aus den unnatürlichen Zuständen unserer Tage herauszukommen, wo eine große Menge sich zum Aburtheilen und Eingreifen in die schwierigsten Fragen berufen und verpflichtet wähnt, während sie zum Durchdringen und Fördern der eigenen Gemeinde-Verhältnisse weder die Fähigkeit noch auch nur den Willen besitzt."

„Eine Voraussetzung und zugleich eine Folge dieser freieren Stellung der Gemeinde im Staate liegt sodann in der Erweiterung der Befugnisse der mittleren und untern Regierungsbehörden nach oben hin. Dem Ministerium sind nur solche Sachen vorzubehalten, welche die höchste Gewalt und die nothwendige Uebereinstimmung der Staatsverhältnisse ihm vorzulegen nöthigen, und ebenso ist den unteren Behörden der mittleren Instanz gegenüber in allen Fällen, wo sie in Uebereinstimmung mit den Untergebenen handeln, eine selbständigere Stellung einzuräumen. So werden auch die Behörden aus dem blos formellen Geschäftsbetriebe zu einer freieren Thätigkeit hinübergeführt, die Gemeinden aber einer das eigene Handeln unnöthig beengenden Schranke enthoben werden."

„Die praktische Entwickelung dieser Grundsätze, der durchgeführten

Theilnahme des Volkes an der Verwaltung, der Oeffentlichkeit der letzteren, der möglichst freien Thätigkeit der Gemeinden, und der möglichsten Selbständigkeit der Behörden nach oben, — scheint uns der Weg zu sein, auf welchem zu einer den Bedürfnissen der Zeit entsprechenden Umgestaltung der Verwaltung zu gelangen ist."

„Sie liegen den angeschlossenen Entwürfen unter." u. s. w.

„Was nun zunächst den örtlichen Umfang der Aemter betrifft, so drängt zu einer engen Begrenzung ihres Bezirks vornehmlich die Rücksicht, alle Verwaltungsgeschäfte thunlichst in der Hand eines Mannes zu belassen und diesen zugleich in den Stand zu setzen, der Regel nach Alles durch directe Verhandlung mit den Amts-Eingesessenen zu erledigen. Nur so wird es dem Beamten möglich, sich durch eigene Anschauung von den Verhältnissen und Bedürfnissen der Untergebenen genügend zu unterrichten, das Vertrauen derselben zu gewinnen und so seinem höchsten Ziele näher zu kommen, das Nothwendige weniger durch Zwang als durch geistigen und sittlichen Antrieb, durch Ueberzeugung und Förderung eigener Einsicht und freier Thätigkeit zu erreichen. Denn es ist stets festzuhalten, daß das Unvollkommene, das auf diesem Wege erreicht wird, einen ungleich größeren Werth hat, als das äußerlich Vollkommenste, wenn solches das bloße Erzeugniß des Zwanges ist, daß ferner alle gesetzliche Ordnung nur insoweit wahren Werth hat, als sie auf dem eignen Wollen der Menschen beruht, und daß die Regierung ihren Zweck nur erreicht, wenn sie dieses Wollen hervorgerufen hat. Dabei darf es freilich nicht übersehen werden, daß der obrigkeitliche Beamte gänzlich außer Stande ist, zu diesem Ziele zu gelangen, wenn er nicht selbst als ein tadelloser, wohlwollender Mensch, als ein solcher sich darstellt, dem Recht und Ordnung, sowie das gesammte Wohl seiner Untergebenen wahrhaft heilig ist. In der untern Verwaltung, wo Regierung und Volk sich stets unmittelbar berühren, kommt diese überwiegend wichtige, rein menschliche Seite des Staatswesens am meisten zu Tage und es ist deshalb unerläßlich, sie sofort als oberstes Princip auszusprechen und mit Ernst darüber zu halten. Ergiebt sich hieraus bereits, daß der obrigkeitliche Beamte seine Thätigkeit der Regel nach als eine vermittelnde zu betrachten habe, und daß von diesem Grundsatze nur da abzugehen sei, wo einestheils ein bestimmt gebietendes Gesetz vorhanden und anderntheils der freiwillige Gehorsam gegen das Gesetz nicht zu erreichen ist, so wird ferner eine jede Entscheidung dieser Art als ein unerwünschter Fall zu betrachten sein, den man zwar, wo man Recht hat, nicht scheuen, der aber niemals das Ziel der Arbeit sein soll."

„Diese Berücksichtigung der wesentlich vermittelnden Thätigkeit hat dazu geführt, an die Spitze des Entwurfs den Satz zu stellen, daß ein Amtsbezirk in der Regel nicht größer sein soll, als daß Ein Beamter ihm vorstehen kann."

„Eben dahin leitet auch noch die Rücksicht auf die Bequemlichkeit der Landbewohner, die wenn irgend möglich Gericht und Amt an einem Orte finden müssen. Wird nun das bei der Gerichts-Verfassung beabsichtigte Princip der Einzelrichter für die untern Instanzen festgehalten, so folgt schon daraus, daß der Bezirk der Aemter in der Regel auch kein großer wird sein dürfen." u. s. w.

„Um übrigens diesen unmittelbaren Verkehr zwischen dem Beamten und den Amtseingesessenen thunlichst zu fördern, wird es räthlich sein, jenem zu erleichtern, sich überall an Ort und Stelle zu begeben, und ihm deshalb entweder eine Entschädigung an Meilengeldern oder je nach Beschaffenheit der Localität für ein oder zwei Pferde, ren Haltung dann nachzuweisen sein wird, Fourage-Gelder zu bewilligen."

Nach diesen Grundsätzen traten 1852 176 Aemter und 44 selbständige Stadtverwaltungen in's Leben. Die Durchschnittsbevölkerung eines Stadtbezirks belief sich annähernd auf 6000, diejenige eines Amtbezirks auf 8 — 9000 Seelen. Jedes Amt erhielt regelmäßig einen Beamten, Amt oder Stadt- und Amtsgericht einen gemeinsamen Sitz, vielfach gemeinsame Geschäftsgebäude. Im Jahre 1859 wurde die Zahl der Aemter auf 102, die der selbständigen Städte auf 42 reducirt. Unter den Aemtern waren seitdem 61 mit einer Bevölkerung von 12—20,000 Seelen, während 2 Bezirke bis 5000, 3 über 25,000 Bewohner umfaßten. Die Aemter hatten die Domanial-Localverwaltung mit wahrzunehmen. Die größern wurden mit 2 Beamten besetzt.*)

Den Aemtern zur Seite wurden Amtsversammlungen gestellt, eine Art Kreisstände. Sie bestehen aus Gemeindebeamten und virilstimmberechtigten Besitzern bezw. Vertretern der größern Güter, Domainen und Höfe des Bezirks. Die Zahl der Mitglieder soll der Regel nach nicht über 24 hinausgehen. Sie treten periodisch (großentheils 6 Mal im Jahre) regelmäßig unter Leitung des Amts zusammen. Förderung der Land- und Forstwirthschaft, der Viehzucht und Gewerbe, Wege-, Ent- und Bewässerungs-, Deich- und Uferbau-Sachen, Theurungs-Vorkehrungen, Domicil- und Armensachen, Maßregeln zur Beförderung des Wohlstandes, die Vertheilung von Hoheitslasten, die Feststellung polizeilicher Strafbestimmungen &c.

*) Ringklib, Statistische Uebersicht der Eintheilung des Königreichs Hannover 1859.

bilden den Gegenstand ihrer Berathungen. Sie können Ausgaben oder Leistungen zu gemeinem Nutzen des Bezirks beschließen, Leih- und Sparkassen, Unterrichts-, Arbeits- und Armen-Anstalten auf Kosten oder unter Garantie desselben gründen. Eins ihrer wichtigsten Rechte ist die Bewilligung der jährlichen Umlagen (Steuerzuschlag) für die Landstraßen des Amts. Letztere Befugnisse haben in zahlreichen Fällen in der Gründung von Sparkassen und in der Aufnahme von Wegeanleihen sich bethätigt. Die Sparkassen der Provinz Hannover haben sich von 70 mit 2½ Millionen Thaler Einlagen im Jahre 1848, auf 130 mit beinahe 15 Millionen im Jahre 1865 gehoben. Hannover stand, anlangend die Zahl derselben, in den dreißiger Jahren hinter den Provinzen Schlesien, Brandenburg und Rheinland, hatte dieselben aber bereits 1859 erheblich überflügelt. *) An Wegeanleihen ist annähernd 1 Million aufgenommen. Auch diese Schöpfung Stüve's, allerdings durch die spätere Aufnahme von Virilstimmberechtigten wesentlich vervollkommnet, hat sich bewährt.

Es liegt in der Natur der Sache, daß Einrichtungen der erwähnten Art, die Gemeinde- und Amtsverfassung, einiger Zeit bedürfen, bevor sie ihre volle Bedeutung entfalten. Die neue Saat steht nicht sofort in Aehren; darf ich auf die Erfahrungen mich berufen, welche ich in den letztvergangenen 12 Jahren als Vorstand eines Amts gemacht habe, so gehen dieselben dahin, daß unsere ländliche Bevölkerung noch nicht überall und völlig in das ihr 1852 angemessene Kleid hineingewachsen ist. Die Gemeindebeamten scheuen sich noch vielfach, den vollen Gebrauch von den ihnen beigelegten Rechten, namentlich den Strafbefugnissen zu machen. Der Bauer folgt nicht immer willig dem Befehl des ihm social gleichstehenden Vorstehers; dieser scheut oftmals die Nackenschläge seiner Standesgenossen. Aber ein unendlicher Fortschritt gegen die Zeit vor 1852 liegt vor. Die Gemeindeangelegenheiten haben sich ohne staatliche Bevormundung im Ganzen gut abgewickelt. Unordnungen im Beitrags-, Rechnungswesen rc. sind sehr selten. Die Vorsteher haben großentheils guten Willen und viele die für ihre Obliegenheiten ausreichende Befähigung. Einzelne leisten Ausgezeichnetes. Zwar kommen durchgreifende Verbesserungen meistens nur durch die Initiative des Beamten zu Stande. Wo sie aber verbunden mit Vertrauen vorhanden ist, findet sie eine Aufmunterung und Unterstützung, welche die Arbeit zur Lust macht und durch Orden, Anerkennungsrescripte rc. nicht entfernt ersetzt werden könnte. Der stete unmittelbare Geschäftsverkehr des Beamten mit den Amtseingesessenen, die Mitwirkung derselben durch die sie vertretenden Vorsteher und Amtsver-

---

*) Zeitschrift des statistischen Büreaus zu Hannover für 1867, Seite 49.

treter üben zwar manchmal eine hemmende Wirkung — nun, der Beamte soll ja nicht allein regieren! — sie schaffen aber auch, wo die Persönlichkeiten darnach sind, ein Band des Vertrauens, das nach beiden Seiten wohlthuend wirkt; sie ermöglichen Dinge (Sparkassen, Wegebauten ꝛc.), die ohne Vertrauen und ohne Vertretung nicht möglich wären. Oeffentlichkeit und Unmittelbarkeit sind für die untere Verwaltung der Ariadnefaden, welcher allein aus dem Labyrinth des Papier- und Formelwesens hinausführt. Nicht, daß man der Acten, Tabellen, des Schreibens gänzlich entrathen, alle Schreiber ꝛc., wie Graf Bethusi-Huck will, sofort abschaffen könnte; das hieße das Kind mit dem Bade ausschütten. Aber jenem Standpunkte, für den die Acten nicht des Lebens, sondern das Leben der Acten wegen vorhanden, dem derjenige als ausgezeichneter Geschäftsmann gilt, der im Productenbuche keine offenstehenden Nummern hat und die einmal anhängig werdenden Sachen — das Anhängig-Werden eben deshalb oft abwehrend — mit juristischem Scharfsinne und genauer Beachtung aller Formvorschriften erledigt, unbekümmert darum, ob seine Thätigkeit nur acta completa oder Lebensresultate liefert — jenem Standpunkte gräbt man nur durch Oeffentlichkeit und Unmittelbarkeit seine Existenzbedingungen ab.

Sollten dieselben aber in der untern Verwaltungs-Instanz Platz greifen, so war eine Erweiterung ihrer Competenz gegen früher nothwendig. Die Aemter mußten in allen Angelegenheiten localer, nicht weitergreifender Bedeutung die erste Instanz bilden. Man konnte ihnen diese erweiterte Zuständigkeit übertragen, denn an die Stelle der früheren papiernen Controle der Oberbehörden trat die lebendige der Betheiligten. Man mußte es, denn das Zusammenwirken mit ständeartigen Organen setzt ausreichende Vollmachten der Regierungsmänner zu sofortiger Geschäfts-Erledigung voraus.

In dieser Beziehung nun enthält die Amtsordnung von 1852 einen sehr wichtigen Fortschritt gegen diejenige von 1823.

Nach der Amtsordnung von 1823 waren die Aemter in Verwaltungssachen im Wesentlichen nur Wahrnehmungs-, Vorbereitungs- und Ausführungs-Organe der Landdrosteien; die eigentliche ordnende und entscheidende Zuständigkeit lag bei diesen. Die Amtsordnung von 1852 (bezw. 1859) dagegen übertrug den Aemtern selbständige Entscheidungsbefugniß innerhalb ihres Wirkungskreises und gab ihnen die Gewalt, ihren Erlassen durch Ordnungs-Strafen Nachdruck und Ausführung zu geben. Nur Fragen von allgemeiner über den Amtsbezirk hinausgehender Bedeutung, die Auflegung von Beiträgen und Leistungen, welche nicht in bestehenden Verpflichtungen begründet sind, und die Genehmigung darauf abzweckender

Gemeinde- oder Verbands-Beschlüsse, die Zulassung von Ausnahmen von allgemeinen Vorschriften und die dauernde Regelung für Bezirke, Orte, Anstalten so wie besonders ausgenommene Gegenstände sind der höhern Competenz vorbehalten. Hoheits-, Militair-, Steuer-, Kirchen-, Schul-, Synagogen-, Armen-, Gemeinde-, Wege-, Wasserbau-Sachen, die örtliche Verwaltung des Domanial-Klosterguts und der Regalien, die Gewerbe-, Feuer-, Bau-, Gesundheits-, Sicherheits-, Sitten- und Ordnungs-Polizei, die Polizei im engern Sinne und Polizeistrafsachen sowie die Erledigung besonderer Aufträge (Theilungs-, Verkoppelungs-, Wahl- ꝛc. Angelegenheiten) gehörten zu ihrer Competenz. Innerhalb derselben hatten sie, gestützt auf unmittelbare Verhandlung mit den Betheiligten und Local-Anschauung, die gesammte öffentliche Verwaltung, zum Theil in Verbindung mit coordinirten Behörden (Superintendenten, Forst-, Wege-, Wasser- und Landbau-Inspectoren, Physicis, Militair- (Districts-) Commissairen ꝛc.) zu führen und überhaupt das Gemeinwohl nach Kräften zu fördern.

Durch die den Aemtern verliehene Selbständigkeit wurde der Schwerpunkt ihrer Wirksamkeit, welcher bis 1852 vorbereitend und berichterstattend nach der Seite der Oberbehörden, also in der Zubereitung von Acten lag, in die Wirksamkeit für den Amtsbezirk und dessen Bewohner, in das Leben, verlegt. Zahlreiche Angelegenheiten konnten mündlich oder durch kurze Aufzeichnung und Bescheidung zu Protokoll erledigt werden. Sie wurden, wenn nicht in ihrer dienstlichen, so doch in ihrer geschäftlichen Stellung halb Communalbeamte nach Art der städtischen Bürgermeister. Die folgenreichsten Maßregeln, Entwässerungen, Wegebauten ꝛc., wurden zum Abschlusse gebracht, ohne daß die Oberbehörden nur einmal Kunde davon erhielten; denn wo Vertrauen und geeignete Rücksichtnahme walten, werden Recurse selten. Für die Amtseingesessenen war es von größter Bedeutung, daß sie ohne Schreiberei, ohne die kostspielige Zwischenwirksamkeit von Anwälten und Mandataren, mit der entscheidenden Stelle verhandeln und bei dem mäßigen Umfange der Bezirke der Regel nach Hin- und Rückreise, ihre Geschäfte beim Amte, Gerichte, Kaufmann, Arzte ꝛc. an einem Tage und Orte erledigen konnten. Der Beamte andererseits wurde mehr vom Schreibtische gelöst, konnte in das Leben schaffend eingreifen.

Es soll nicht behauptet werden, daß Letzteres überall eingetreten sei. Ideale Zustände verwirklichen sich schwer. Neue Einrichtungen gehen erst allmählig in's Leben über. Bessere Kräfte rangen sich auch früher einzeln durch die Hemmnisse hindurch; die Trägen verwandten später nicht selten ihre größere Selbständigkeit zur eignen Bequemlichkeit. Aber die Bahn für eine ersprießliche Amtsverwaltung war seit 1852 frei. Der jüngere Beamten- und Amtseingesessenen-Anwuchs betrat sie und mit gutem Erfolge. Beweis sind die, Gott sei Dank, zahlreichen Fälle einer befriedigenden Förderung der Interessen des Bezirks durch die Beamten, besten Einvernehmens zwischen denselben und den Amtseingesessenen und ehrender Anerkennung der erstern von Seiten der letztern — einer Anerkennung, welche auch der Regierung zu Gute kommt! Denn dem Landbewohner ist sein Pastor die Kirche und sein Amtmann die Regierung.

Weniger befriedigend ist die Aemterorganisation nach oben hin ausgefallen. Mit der größern Verselbständigung der Obrigkeiten mußte sachgemäß die staatliche Aufsicht auf dieselben sich theils verschärfen, theils einen andern Charakter annehmen. Denn wenn sie auch in der Wirksamkeit nach unten hin durch größere Oeffentlichkeit der Verhandlungen und die Controle der Gemeindeorgane zum Theil ersetzt wurde, so bedurfte doch die Wahrung der innern staatlichen Interessen, der Dienstordnung, das geschäftliche und sittliche Verhalten der Beamten einer verstärkten und veränderten Beachtung von Seiten der Mittelinstanz. Eine Veränderung erforderte dieselbe den leitenden Gedanken von 18$\frac{48}{52}$ gemäß in der Richtung, daß sie aus den Acten mehr in den persönlichen Verkehr und in die unmittelbare Anschauung verlegt wurde, statt Einzelheiten den ganzen Mann in seiner Gesammtwirksamkeit in's Auge faßte.

Allerdings bedurften die Productenbücher, Gebührenregister, Geldjournale, Registraturen, zahlreichen Verzeichnisse 2c. der Controle. Diese ist aber fast gänzlich nur auf Grund von Berichten, Auszügen 2c., mit andern Worten von Selbstzeugnissen der Controlirten (für den Gewissenhaften lästig, für den Gewissenlosen umgehbar) geübt. Unordnungen Einzelner hatten stets, statt genauerer Beachtung der ungesunden Gegend, Quarantaine-Maßregeln für Alle im Gefolge. Der Geschäftsformalismus nahm allmählig zu und pedantische Ausfüllung der vorgeschriebenen Formen galt mit als Werthmesser der Tüchtigkeit.

Ein großer Theil dieser Dinge hätte sich weit folgenreicher abmachen lassen, wenn der Landdrost bei den seit 1823 bestehenden Aemtervisitationen durch einen mitgebrachten Revisor an Ort und Stelle das einschlägige Material prüfen ließ und dabei alles Unwesentliche über Bord warf. „Zeigen Sie mir einmal gefälligst, Herr Amtmann," hätte es bei den Visitationen ferner heißen müssen, „die Wege, die Schulhäuser 2c., die Sie gebaut, die landwirthschaftlichen, gewerblichen Meliorationen, welche Ihr Interesse in Anspruch nehmen. Nächstes Jahr werden wir die Fortschritte besehen." Freilich muß, wer so sprechen will, selbst Wege und Schulhäuser gebaut haben.

An Stelle der üblichen Landdrostendinées unter Zuziehung der Honorationen des Bezirks hätte eine Verhandlung mit der Amtsversammlung treten können, um die Wünsche und Bedürfnisse des Kreises und die Stellung des Amtmanns in demselben kennen zu lernen. Eine Anwesenheit bei einzelnen wichtigen Terminen hätte sich empfohlen, um nicht blos die Protokolle, sondern auch ihre Entstehungsart, die Art der Leitung der Geschäfte seitens des Beamten kennen zu lernen. Unsere Kronanwälte haben bekanntlich alljählich in dieser Art Sitzungen der Amtsgerichte beizuwohnen. Eine ähnliche Behandlung würde neben Beseitigung des Formalismus dem Urtheile über die Qualification der Beamten eine ganz andere Färbung verliehen, statt des bloßen Wissens dem Können zu seinem Rechte verholfen haben.

Die Landdrostei-Ordnung von 1852 geht allerdings von derartigen Gesichtspunkten aus. Die Handhabung derselben fiel aber theils bejahrten aus der frühern Periode in die neuere Zeit übergegangenen, theils — mit Ausnahme der letzteren Jahre und einzelner Persönlichkeiten — hinter dem grünen Tische alt gewordenen Landdrosten zu. Ein guter Contrapunktist ist aber noch kein guter Orchesterdirigent. Daneben verengte sich der Einfluß der Landdrosteien zwischen der sich ausdehnenden Bedeutung der Local- und Centralbehörden immer mehr. Nur die 1852 in die Landdrosteien eingefügten technischen (Weg-, Wasserbau-, Landesökonomie-) Beamten haben eine schätzenswerthe Beigabe derselben gebildet. Im Allgemeinen ist außer einer anerkennungswerth raschen und gesetzmäßigen Erledigung der anhängigen Geschäfte wenig anregende schaffende Kraft von den Mittelbehörden ausgegangen.

In den Landdrosteien hat Hannover bislang eine Mittelinstanz (Provinzialregierung) zwischen den Magistraten und Aemtern einerseits, dem Ministerium andererseits beibehalten. Der Bezirk der kleinsten derselben, Aurich, umfaßt 54 □Mln. mit 193,000 Seelen, während Lüneburg 211 □Mln. und 376,000 Seelen zählt. Die Landdrosteien entsprechen zwar nicht völlig, aber doch großentheils den alten provinziallandschaftlichen Verbänden.

Im Jahre 1833 verfolgte man den Plan, in den Landdrosteien nach preußischem Muster auch die gesammte geistliche und Finanz-Verwaltung zu concentriren. 1849 hat man bereits eine völlige Beseitigung der Mittelinstanz und unmittelbare Unterstellung der Aemter unter die Centralbehörden in Erwägung gezogen, sich aber schließlich für die Beibehaltung der Landdrosteien entschieden. Sie sollten nach den damaligen Plänen unter Ausscheidung der geistlichen und Domanial-Sachen, durch technische Referenten (für Forst-, Wasserbau-, Medicinal- 2c. Angelegenheiten) verstärkt werden, über gesetzliche oder Privatrechte Einzelner (in Theilungs-, Ablösungs=, Ent= und Bewässerungs=, Expropriations=, Militairaushebungs= rc. Sachen) collegialisch, dagegen in den übrigen das Gemeinwohl betreffenden Angelegenheiten — zum Theil (nach holländischem Muster) nach voraufgegangener Begutachtung durch kaufmännische, gewerbliche, landwirthschaftliche Deputationen — nach Ermessen allein des Landdrosten (büreaukratisch) befinden und in eine ähnliche Verbindung mit den (umorganisirten) Provinziallandschaften gebracht werden, wie sie zwischen den Aemtern und der Amtsvertretung eingeführt wurde. Die zu diesem Zweck herzustellenden Provinziallandschaften sollten aus Wahl der Städte und Amtsversammlungen hervorgehen, die Hälfte der Vertreter der letztern aus den Großgrundbesitzern genommen werden.

Diese Pläne sind bekanntlich großentheils nicht zur Ausführung gelangt. Die beabsichtigte Reorganisation der Provinziallandschaften hatte Beschwerden der altständischen Ritterschaften und das Einschreiten des Bundes zur Folge. Die 1852 in's Leben tretenden Landdrosteien erhielten eine mehr collegiale Einrichtung, die landwirthschaftlichen rc. Deputationen und die Mitwirkung provinzialständischer Versammlungen bei der Verwaltung kamen in Wegfall.

Derselbe Entwickelungsgang, welcher zu einer größern Concentration Deutschlands, unter Herabdrückung der Mittelhoheiten geführt hat, hat auch die Bedeutung der Landdrosteiën mehr und mehr in den Hintergrund gedrängt. Die Selbständigkeit der Local=Verwaltung hatte sich gehoben. Ihre Bedeutung nahm in demselben Maße zu, in dem die Theilnahme der Kreise an der Verwaltung sich hob und das Gewicht der Volksvertretung gegenüber der Regierung in der staatlichen Waagschale wuchs. Andererseits drängte die Oeffentlichkeit der ständischen Verhandlungen, die Anwesenheit der Minister in den Kammern, der raschere Pulsschlag des öffentlichen Lebens zu größerer Centralisation. Die Mittelbehörden mußten sich mehr und mehr gewöhnen, in Principienfragen höhern Orts anzufragen, nur nach Anweisung zu handeln. Sachen, die vorzugsweise erst die neuere Zeit in den Vordergrund gestellt hat, die aber gleichzeitig überwiegend das öffentliche Interesse in Anspruch nahmen, Eisenbahnbauten, Zolleinrichtungen, Schiffahrts= und Handels=Angelegenheiten, Hafenbauten, entzogen sich völlig oder fast völlig ihrem Einflusse. In andern Angelegenheiten zum Theil eiliger Natur (Wahlsachen, Anstellungen, Polizeivorfällen, Gesetzesvorbereitungen rc.) wurde directe Communication der Central= und Local=Verwaltung Regel. Die Eisenbahnen und die durch die Kammerthätigkeit vermittelte Bekanntschaft mit den leitenden Personen in Hannover hatte zur Folge, daß auch Private sich vielfach sofort dorthin, nicht an die Landdrostei, wandten. Kurz die Bedeutung der Landdrosteien beschränkte sich schon seit länger im Wesentlichen auf ihre Thätigkeit als Recurs-Instanz. Und diese Bedeutung konnte nicht von Dauer sein in einem Lande, welches für Rechtssachen nur noch zwei Instanzen hatte.

Auch ohne die Ereignisse des Jahres 1866 würden die Landdrosteien von der nächsten politischen Fluth fortgeschwemmt sein. Das Natürlichste wäre dann gewesen, Aufsichts- und Wahrnehmungs-Organe (Landdrosten, nicht Behörden) nach Art der Kronanwälte für Bezirke von ähnlichem Umfange wie die Obergerichtsbezirke, einzusetzen. Diese hätten mit verjüngten Kräften die Inspection, mehr auf das Leben als auf die Acten gerichtet, zu üben, in einzelnen wichtigeren Fällen unmittelbar mit den Betheiligten zu verhandeln gehabt. Die nächste entscheidende Instanz über den Aemtern hätten Abtheilungen der verschiedenen Ministerien gebildet. Die Communication der Aemter mit den Abtheilungen wäre durch den Landdrosten gegangen; nur wo derselbe besondern Anlaß fand, von dessen Bemerkungen begleitet. An die Stelle zweier wäre die eine Berufungs-Instanz des Ministeriums getreten. Derartige Einrichtungen würden große Ersparungen, Vereinfachung des Geschäftsganges ohne Beeinträchtigung der Geschäfte selbst, Verstärkung der Richtung auf Lebens- statt auf Registratur-Resultate in ihrem Gefolge gehabt haben. Analogien derselben bieten außer den Kronanwaltschaften die Superintendenten als Durchgangs-Instanz zwischen Pastor und Consistorium.

II. Die Verhandlungen im Abgeordnetenhause

stellten folgende Forderungen in den Vordergrund.

1) Beschränkung des Staats auf die eigentlich staatlichen Geschäfte, Beseitigung der staatlichen Bevormundung der Gemeinden und Corporationen sowie der Vielschreiberei; Förderung der Selbstregierung und Uebertragung eines Theils der öffentlichen Geschäfte auf die Gemeinden, Kreise, Provinzen, Schaffung von Ehrenämtern mit Zwangspflicht zu deren Uebernahme.

Daß diese Forderungen bei den hannoverschen Organisationen von 1849/52 leitend waren und nicht ohne Glück darin verwirklicht sind, geht aus dem Vorhergehenden hervor.

Inwieweit die altpreußischen Einrichtungen jenen Forderungen entsprechen, übersehe ich nicht. Das Zeugniß der preußischen Abgeordneten, der nach Hannover versetzten preußischen Beamten und der auf Hannover übertragenen altpreußischen Einrichtungen senkt jedoch die Wagschaale nicht zu Gunsten derselben. Die preußischen Regierungen scheinen im wesentlichen noch jetzt den Standpunkt inne zu haben, welchen die hannoverschen Provinzialregierungen (Landdrosteien) vor 1852 einnahmen.

In Betreff der Beschränkung des Staats auf die eigentlich staatlichen Geschäfte, Beseitigung der Bevormundung der Gemeinden und Corporationen, ist nur über die in der Borries'schen Periode aus politischen Gründen erfolgte Einsetzung von Polizeidirectionen in den Städten und über öftere Versagungen der Bestätigung von städtischen Beamten Klage gewesen, vorübergehende Entstellungen eines richtig angelegten Baues.

Die Vielschreiberei und den geschäftlichen Formalismus anlangend, vermögen wir Beamten im Hannoverschen gegenwärtig, nachdem manche altpreußische Einrichtungen bei uns eingebürgert sind, ein Urtheil abzugeben. Es soll nicht gesagt werden, daß wir nicht auch vor 1866 an manchen entbehrlichen Schreibereien litten, daß nicht auch einzelne der zu uns gelangten Neuerungen Verbesserungen enthalten. Im Allgemeinen aber wird jeder hiesige Beamte, mit Einschluß der aus Altpreußen herversetzten, in das Zeugniß einstimmen, wir erreichten seither in Hannover dasselbe Ziel mit annähernd gleicher Sicherheit auf viel einfacherem Wege und mit bei weitem weniger Schreiberei. Es liegt das eben darin, daß die kleineren Bezirke, die Zusammenfassung sämmtlicher öffentlichen Verwaltungszweige in einer Person und der unmittelbare Verkehr mit den Amtseingesessenen eine materielle Kenntniß zu Wege bringen, welche das Formalisiren entbehrlicher macht, und daß die Zuständigkeit der Aemter als erste Instanz das Bedürfniß des Actenmachens in der größten Anzahl von Fällen zurückdrängt.

Alsdann aber wurde in Hannover seither die Kehrseite des Grundsatzes, daß der Staat sich auf die rein staatlichen Functionen zurückzuziehen habe, beachtet. Der Staat mischte sich nicht blos nicht unnöthig in communale Angelegenheiten, sondern er besorgte auch seine eigenen, die staatlichen Geschäfte selbst. Eine Abwälzung derselben auf die Gemeindebeamten in dem Umfange, wie sie die Wahlen zum Parlamente und Abgeordnetenhause, die Beschreibung und Fortführung der Steuerrollen, die Mitwirkung beim Militair- und Polizeiwesen neuerdings mit sich brachten, haben wir in Hannover früher nicht gekannt.

Man forderte im Abgeordnetenhause ferner

2) Beseitigung der Ungleichheit der Verwaltungseinrichtungen in den alten und neuen Provinzen und Verminderung der Zahl der besoldeten Verwaltungsbeamten.

Es ist im vollsten Maße zuzugestehen, daß die Provinzialverwaltung im Wesentlichen den preußischen Einrichtungen sich anzuschließen habe. Ich komme unten darauf zurück.

Anders liegt die Sache in Ansehung der Localverwaltung. Unsere sogenannten selbständigen, d. h. mit obrigkeitlicher Stellung ausgerüsteten Städte legen großen Werth auf dieselbe. Sie tragen die Kosten derselben. Es hat sich darin eben ein großer Theil dessen verwirklicht, was man unter dem Namen Selbstverwaltung, Uebertragung staatlicher Functionen auf nicht staatliche Functionäre fordert.

Unsere Aemterverfassung aber für das platte Land ist das Product einer uralten, allmählig fortschreitenden Entwickelung. Die Amtssitze sind, ähnlich wie die Kirchspielssitze für die Kirchengemeinden, Mittelpunkte für die staatlichen, commerciellen und socialen Beziehungen des Bezirks. Bis 1852 waren die Aemter zugleich Justizbehörden erster Instanz. Die Amtsgerichtssitze fallen noch jetzt mit wenigen Ausnahmen mit den Sitzen der Amtsverwaltung zusammen; Polizei- und Untersuchungsgefängnisse, Geschäftsräume, Dienstwohnungen für die Beamten finden sich dort; das Straßensystem mündet dorthin; Aerzte, Apotheker, Anwälte, Wirthschaften, Kaufleute haben sich daselbst angesiedelt. Die Amtssitze sind im Kleinen das für den Amtsbezirk, was Hannover für das frühere Königreich war, Berlin für Preußen ist. Nimmt man den Amtssitzen ihr Verwaltungsamt und ihr Amtsgericht, so thut man für kleine aber zahlreiche Kreise dasselbe, was man für Altpreußen thäte, wenn man Erfurt oder Frankfurt zur deutschen Reichshauptstadt machte. Keine Maßregel hat dem Grafen Borries so viele unversöhnliche Widersacher gegenüber gestellt, als die 1859 erfolgte Einziehung von 74 Aemtern. Die Städte Hannover und Frankfurt werden noch lange Zeit gebrauchen, ehe sie nicht die politische allein, nein vor Allem die commercielle und sociale Einbuße verschmerzen, die ihnen das Jahr 1866 brachte.

Die Bedeutung der hannoverschen Aemterverfassung ist ferner keine lediglich historische. Patrimonial-Gerichtsbarkeit und Obrigkeit ist 1852 ausgeschieden. Sie steht in enger Verbindung mit der Verfassung der Landgemeinden, mit der Kirchen- und Schulverwaltung, mit Ablösungen, Theilungen, Verkoppelungen, Ent- und Bewässerungen, Weg- und Wasserbau. Das Volk hat sich an sie gewöhnt und will sie. Es findet in der Mehrzahl seiner Beamten Berather, die es in einem Tage erreichen kann, denen es vertraut, die ihm Anwälte und Schreiber entbehrlich machen, Kosten sparen. In den Amtsversammlungen ist eine neue Saat communalständischer Mitwirkung der Bevölkerung in ihren eigenen Angelegenheiten ausgestreut, welche nach 15jährigem Bestehen erfreulich sproßt und Früchte verheißt. Glaubt man, wenn man aus diesem Bau den Mittelpunkt, das Amt, herausnimmt, wenn man die kreisständischen Elemente mehrerer Aemter zu einer Kreisvertretung umorganisirt, daß man sofort für den größeren Bezirk dasselbe habe, was man für den engeren hatte? Ist etwa Rheinland ohne weiteres gut preußisch geworden oder mit Holstein, Hannover, Frankfurt durch die verfassungsmäßige Einverleibung eine innere Transsubstantiation vor sich gegangen?

Damit soll nicht gesagt sein, daß nicht die von der Staatseinheit geforderten Umgestaltungen auch der unteren Verwaltung zur Durchführung gebracht werden müßten. Es soll aber damit bestritten werden, daß jene Einheit das Nebeneinander verschiedenartiger Localverwaltungen verbiete. Werden nicht auch in Altpreußen wegen innerer Verschiedenheit die Städte anders verwaltet als das Land, Westphalen und Rheinland mit Amtmännern und Bürgermeistern anders, als der Osten mit Schulzen und Gutspolizei?

Das Institut der Landräthe stammt, soweit ich unterrichtet bin, aus den östlichen Provinzen des preußischen Staats, war ursprünglich ein rein ständisches, wurde in der Stein-Hardenberg'schen Periode zugleich ein Staatsamt. Es ist ein natürliches Product der Agrarverfassung jener Provinzen. In den östlichen Provinzen überwiegt der Großgrundbesitz. Derselbe umfaßt in mehreren derselben die Hälfte des Areals. Viele Güter dehnen sich über eine halbe, ja über eine volle Quadratmeile aus. Ein Rittergut im Regierungsbezirk Gumbinnen umfaßt durchschnittlich 2860, in Königsberg 2030, in Posen 3000, in Cöslin über 2000 preußische Morgen.*) Der Regierungsbezirk Königsberg zählte 1837 auf 408 Quadratmeilen 981 Rittergüter (35 Procent) neben 64 Procent Bauerhöfe. Im Regierungsbezirk Posen mit 321 Quadratmeilen waren 927 Rittergüter (58 Procent) neben 41 Procent kleiner Besitzungen.

Dagegen enthält Preußisch-Westphalen 9 Procent Güter, 81 Procent Bauerhöfe, 10 Procent kleinere Besitzungen, und in der Provinz Hannover fallen 5—7 Procent des cultivirten Areals auf Rittergüter, 80 Procent auf bespannte Höfe. Von 1395 Grundeigenthümern mit mehr als 50 Thaler Grundsteuer waren $^5/_6$ Bauerhofsbesitzer.**)

Wo der Großgrundbesitz so zahlreich und wohlhabend vertreten ist, wie in den östlichen Provinzen, konnte man dem Träger des Kreis-Communal-Amts (Landrath) zugleich obrigkeitliche Functionen als Ehrenamt übertragen. Es fehlte nicht an gebildeten, pecuniär-befähigten und willigen Personen. In Hannover fehlt es daran, während das Material zu guten Gemeindebeamten, demnächst auch wohl zu westphälischen Amtmännern sich vorfindet. Das obrigkeitliche Amt selbst wird königlich bleiben müssen. In einer Armee mit zahlreichen Freiwilligen von Bildung kann man das Offiziercorps aus den Gemeinen ergänzen. Stehen nur junge Leute von

*) Archiv der politischen Oekonomie N. F. III. S. 49 u. f.

**) Fachtmann, Gebundenheit oder freie Veräußerlichkeit? S. 2.

Volksschulbildung in Reihe und Glied, so muß der Offizier aus dem Offiziercorps von Beruf genommen werden.

Die Verschiedenheiten der unteren Verwaltung in den altpreußischen Provinzen und in Hannover haben ihren Grund in der Bodenvertheilung.

Zwei Männer von gleicher Grundanschauung und Tüchtigkeit, Stein und Stüve, wurden durch die Bedingungen und Menschen, welche den Stoff ihres staatsmännischen Schaffens abgaben, im deutschen Nordosten zur Landraths-, im Nordwesten zur Landgemeinde- und Aemterverfassung geführt.

Eine wichtige Seite hat noch die Aemterverfassung, welche besonders hervorzuheben ist. Sie ist eine vortreffliche Erziehungsanstalt für angehende Staatsdiener.

Wo hat Altpreußen eine derartige Schule, mit unmittelbarer Anschauung der Verhältnisse, mit unmittelbarem Verkehre mit den Menschen, auf welche die Arbeiten sich beziehen? Die jungen Leute gehen dort aus den Hörsälen der Universität an die grünen Tische der Collegien, studiren Verfassung, Gesetze, Volks- und Finanzwissenschaft, lesen Acten, referiren und decerniren; aber der Stoff, auf den, für den sie wirken sollen, bleibt ihnen der Regel nach fern. Darin hat es denn wohl seinen Grund, daß die aus Altpreußen nach Hannover übertragenen Einrichtungen uns den Eindruck des Compendienartigen, über das Ziel hinausgreifender Weitläufigkeit machen. Selbst in Hannover bekamen die Personen, welche früh in die höheren Behörden gezogen waren, einen ganz anderen Anschmack, als diejenigen, welche erst längere Jahre beim Amte gearbeitet hatten.

Das Abgeordnetenhaus forderte ferner:

3) Dotirung der gleichartigen Verwaltungsbeamten in allen Theilen des Staats mit einem entsprechend gleichen Gehalte.

Die Forderung ist vollkommen begründet, wenn man sie auf reine Staatsdiener beschränkt, d. h. solche Personen, welche berufsmäßig ihre Kräfte und Zeit dem Staatsdienste ausschließlich widmen. Bei diesen Personen mögen Unterschiede je nach der Dauer der unentgeltlich verwandten Vorbereitungszeit, der größeren oder geringeren Bedeutung und Verantwortlichkeit ihrer Stellungen, den Preisen ihrer Aufenthaltsorte Platz greifen, Uebergänge statt finden — das Alles dient ja eben nur zur Herstellung wirklicher Gleichstellung. Diese ist aber dauernd nicht abzuweisen.

Will man aber eine Gleichstellung des von Communalständen zum Landrathe gewählten Gutsbesitzers mit dem vom Könige zum Landrathe oder Kreishauptmann ernannten Staatsdiener im Gehalte, so verfällt man äußerer Gleichmacherei ungleicher Dinge. Das Amt des ersteren ist ursprünglich Ehrenamt. Der Träger desselben braucht nicht die unentgeltlichen Vorbereitungsjahre, wie jener, zu verwenden, erhält seinen Wohnsitz nicht angewiesen, ist Versetzungen nicht unterworfen; bewohnt vielmehr sein Gut und bewirthschaftet dasselbe, wenn auch vielleicht unter Zuhülfenahme eines Gutsinspectors. Wie ließe sich ohne diese Sachlage der Gehalt der subalternen Kreissecretäre (nach Annahme des Antrages von Goßler für 1869 600 — 1000 Thaler) neben der seitherigen Landraths-Besoldung (1000—1200 Thaler) rechtfertigen?

4) Der letzte und Haupteinwand gegen die hannoverschen Einrichtungen ist ihre Kostspieligkeit. „Ihre Einrichtungen sind recht schön," sagt man uns, „aber sie kosten sehr viel." „Ihre Localverwaltung hat Vorzüge vor der altpreußischen," erkennen die nach Hannover versetzten Beamten an, „aber — sie ist zu theuer!"

Die frühere Centralverwaltung Hannovers (Ministerien) ist großentheils schon nach Berlin übergesiedelt und wird, soweit sie nicht auf das Oberpräsidium übertragen wird, völlig dorthin übergehen. Die seitherigen Provinzial-Verwaltungsbehörden (Landdrosteien u. s. w.) werden in eine oder mehrere Behörden zusammen gezogen werden. Das ist durch die Natur der Sache gegeben. Damit wird eine große Ersparung bei diesen Theilen des Verwaltungsorganismus eintreten, der in einem kleinen Staate von 2 Millionen selbstverständlich verhältnißmäßig kostspieliger war, als in einem Staate von 20 Millionen. Die Oberverwaltung der Krupp'schen Gußstahlfabrik kostet zweifelsohne verhältnißmäßig weit weniger als diejenige einer Eisengießerei mit 100 Arbeitern.

Anders muß die Sache in der Fabrik und im Staate rücksichtlich der unteren Arbeitskräfte stehen. Hier liegen die Verhältnisse gleichartiger.

Zunächst ist hervorzuheben, daß die Competenz der hannoverschen Aemter und preußischen Landräthe sich keineswegs decken.

Die Aemter besorgen die untere Domanialverwaltung. Die Geschäfte derselben sind weit umfangreicher als die der entsprechenden Organe (Domanialrentmeister u. s. w.) in Preußen, weil einmal Hannover, im Verhältniß zu seiner Größe, das Doppelte an Domanial-Vermögen besitzt, was Preußen hat; weil ferner ein großer Theil des hannoverschen Domanialbesitzes nicht aus großen Gütern allein, sondern auch aus über das ganze Land verbreiteten Streuparcellen besteht; weil endlich ein großer Theil der Domaniallasten noch unabgelöst ist, die Aemter also gutsherrliche Functionen (Annahme neuer Wirthe, Regelung der Abfindungen, Feststellung der ungewissen Gefälle u. s. w.) haben — Functionen, welche demnächst wegfallen werden, bis jetzt aber weder weggefallen waren noch weggefallen sind.

Der Antheil der Domanialverwaltung an den Kosten der Aemter

läßt sich annähernd nach den Kosten der Klosterfonds-Verwaltung ermitteln, da der Klosterfonds aus völlig gleichartigen Vermögensbestandtheilen besteht und gleichartig, aber selbständig administrirt wird. Danach ist annähernd ¼—⅕ der Gesammtkosten der Aemter auf die Domanial-Administration zu rechnen.

Die Aemter hatten, beziehungsweise haben ferner in Kirchen- und Schulsachen (bei Visitationen, Beaufsichtigung der Aerare und Beitragsleistungen, Bauten, Pfarr- und Schuldotationen, Beitreibung von Rückständen u. s. w.) mit den Superintendenten, in Wasserbausachen (in Deich-, Siel-, Uferbausachen u. s. w.) mit den Wasserbau-Inspectionen, beim Landstraßenbau mit den Wegebau-Inspectionen, in Theilungs- und Verkoppelungssachen (auftragsweise) mit den Landes-Oekonomie-Beamten, in Landbausachen mit den Landbaumeistern, in Steuersachen mit den Steuerdirectionen, in jüdischen Synagogen-, Schul- und Armen-Angelegenheiten mit dem Landrabbiner, die erste Instanz bildend, zusammen zu wirken. Ich weiß nicht sicher, ob und wie weit diese Geschäfte und in welchem Umfange in den älteren Provinzen den Landräthen obliegen. Nur von der Steuerverwaltung weiß ich, daß die Veranlagung der Klassen-, Einkommen- und Gebäudesteuer nicht von Staats- sondern von Gemeinde-Behörden erfolgt. Bei Vergleichung der Kosten der altpreußischen und der hannoverschen unteren Verwaltung werden die dort durch derartige Geschäfte erwachsenden Ausgaben den Kosten der preußischen Landrathsämter zuzusetzen oder von unseren Aemterkosten abzusetzen sein.

In Militärsachen beschränkte sich vor 1866 die Mitwirkung der Gemeindebeamten auf das Auslegen der amtsseitig angefertigten Listen und Assistenz bei der Losung und bei Reclamationen. In Altpreußen ist außerdem die Führung der Stammrollen den Ortsbehörden übertragen (§. 34 der Ersatz-Instruction). Die Beschaffung der Musterungslocale, die Unterbringung des dahin commandirten Personals, sowie die Entschädigung der außerordentlichen Mitglieder der Kreis-Ersatz-Commissionen ist Communallast.

Die Steuer-Beschreibung und Umschreibung erfolgte vor 1866 lediglich durch die Aemter; die Auskunft ertheilenden Vorsteher erhielten ihre Auskunftsertheilung dabei theilweise vergütet. Nach der preußischen Steuergesetzgebung haben dagegen bei der Gebäudesteuer die Gemeinden, Besitzer selbständiger Gutsbezirke u. s. w. die zum Veranlagungsgeschäfte erforderlichen Vorarbeiten auf ihre Kosten zu beschaffen (§. 13 des Gebäudesteuergesetzes vom 21. Mai 1861). Die Veranlagung erfolgt durch kreisständische Commissionen (§. 9 a. a. O.). Rücksichtlich der Klassensteuer-Einschätzungen haben die Gemeindevorstände die Jahresrollen, die Ab- und

Zugangsrollen aufzustellen und die Einschätzung unter Mitwirkung von Gemeindevertretern vorzunehmen. Dem Landrathe liegt nur die Aufsicht und Vorrevision ob. Die Bekanntmachung der Steuerrollen, die Zustellung der Steuerzettel, Reclamations-Entscheidungen u. s. w. erfolgen durch die Vorsteher (§§. 10—12, 22 des Klassen- und Einkommensteuer-Gesetzes vom 1. Mai 1851). Ebenso haben dieselben bei der Einkommensteuer-Veranlagung allen Anforderungen des Vorsitzenden der Einschätzungs-Commission zu genügen.

Die ländlichen Wahlen zur allgemeinen Ständeversammlung wurden vor 1866 von den Obrigkeiten beziehungsweise Wahlcommissaren vorbereitet. Bei den Wahlen zum Abgeordnetenhause und zu den Reichstagen fiel der ganze Apparat an Ur- und Abtheilungslisten, die Wahlleitung u. s. w. den Vorstehern zu.

Bis 1866 hatten die Aemter den größeren Theil der Polizeistrafsachen abzuurtheilen; die Erforschung und Anzeige strafbarer Handlungen lag ihnen ob. Ersteres liegt in Preußen den Gerichten ob, letzteres großen Theils den Gemeinden- und Ortspolizeibehörden (§§. 32, 59 u. f. 73, 95, 124 u. f. 130, 174 der unterm 25. Juni 1867 publicirten Strafproceßordnung). In Hannover wurde mithin die betreffende Arbeit größtentheils von den Aemtern verrichtet und in der Budgetposition für die untere Verwaltung staatsseitig bezahlt; nicht so in Altpreußen.

Die vorstehenden Unterschiede sind nicht angeführt, um über die größere oder geringere Zweckmäßigkeit der einen oder anderen Einrichtungen zu urtheilen, sondern um darzuthun, daß in Hannover eine große Anzahl rein staatlicher Functionen durch staatsseitig bezahlte Functionäre besorgt wurde, welche in Altpreußen von Gutsverwaltungen, Land- und Stadtgemeinden besorgt und an Gemeindeschreiber, Gutsverwalter u. s. w. vergütet wird. Man muß also beim Vergleiche der Kosten der früher hannoverschen und der altpreußischen unteren Verwaltung sagen, erstere besorgte einen großen Theil Arbeiten, welche letztere den Gemeinden und Einzelnen auflegt. Es müssen die Kosten, die von letzteren dafür aufgewandt wurden, beim Vergleiche den Aemtern in Absatz gebracht werden. Denn die Kosten werden nicht den Steuerzahlern erspart, vielmehr statt (in Hannover) durch das Medium der Staatskasse, (in Altpreußen) durch das Medium der Guts- und Gemeindekasse verausgabt, immer aber verausgabt. Volkswirthschaftlich kommt neben den baaren Ausgaben der Art außerdem noch die weit größere Zahl von Arbeitstagen in Betracht, deren Verwendung die gesteigerten Anforderungen an die Gemeinden zur Folge haben und bereits hatten. Ich schlage diese Mehrbelastung des Jahrs 1867, freilich eine außergewöhnliche, für meinen Amtsbezirk mit einem

Silbergroschen pro Kopf gewiß zu niedrig an. Ich erkenne daneben an, daß wenn auch bei Vergleichung der Kosten zweier Verwaltungssysteme nicht blos Budgets- sondern auch Wirthschafts-Zahlen herbeizuziehen sind, dennoch derartige Zahlen nicht entscheidend sind. Ich erkenne namentlich an, daß die durch eine richtig bemessene Mitwirkung des Volks in staatlichen Dingen gesteigerte Thatkraft selbst wirthschaftlichen Werth hat.

Die Statistik ist anerkanntermaßen eine werthvolle Wissenschaft, aber nur dann, wenn man nicht blos die Zahlen kennt, sondern auch ihre Bedeutung. Um die Bedeutung der im Abgeordnetenhause herangezogenen generellen Budgetzahlen richtig zu würdigen, würde es sich empfehlen, Specialberechnungen bei einzelnen hannoverschen Aemtern und preußischen Kreisen einander gegenüber zu stellen — nach Analogie der Waldtaxationen, bei denen man nicht 1000 Morgen Guts- und 1000 Morgen Staats-Forsten ohne Weiteres als gleichwerthig annimmt, sondern in jeder Forst einen Morgen besten, einen Morgen mittleren und einen Morgen schlechtesten Bestandes Baum für Baum abschätzt und die Durchschnittszahl als Werthmesser des Ganzen annimmt.

Ich bin nun zwar nicht in der Lage gewesen, diesen Weg gründlich einschlagen zu können; habe aber doch Gelegenheit gefunden, mich in einem westphälischen Kreise bei einem Beamten nach den dortigen Einrichtungen näher zu erkundigen. Inwieweit dessen Angaben ausnahmslos zutreffend waren, muß ich demselben überlassen. Ich theile das Ergebniß mit.

Der betreffende landräthliche Kreis hatte einige vierzigtausend Seelen, 1 Landrath, 1 Kreissecretair und 12 Amtmänner beziehungsweise Bürgermeister mit einer Besoldung von je 500—600 Thalern. Er würde also etwa 3 hannoverschen Aemtern — zweien mit je 2, einem mit 1 Beamten — entsprechen. Danach ergiebt sich für jenen landräthlichen Kreis ein Besoldungsbedarf von etwa 7500 Thalern, für die drei Aemter (nach den früheren hannoverschen Etats unter Mitberücksichtigung der Vögte und Amtsdiener und unter Absetzung von $1/5$ wegen der Domanialverwaltung) von etwa 6750 Thalern. Mithin ist der Vorzug größerer Billigkeit auf der Seite der hannoverschen Verwaltung — wohlverstanden der Billigkeit für den B e u t e l d e r U n t e r t h a n e n. Für die S t a a t s k a s s e und das Budget liegt die Sache umgekehrt, die westphälischen Amtmänner sind Communalbeamte, nur die Landraths- und die Kreissecretair-Besoldungen erscheinen im Budget.

III. Die Neugestaltung.

a. Verfassung. Es ist eine irrige Auffassung, wenn man annimmt, durch die Vorgänge des Jahrs 1866 sei nur das Verfassungsrecht der annectirten Provinzen erschüttert, nicht dasjenige Altpreußens. Nicht blos hat die Reichsgewalt die wichtigsten Souveränetäts-Rechte Preußens an sich genommen; es haben auch die neuen Provinzen mit ihrer Einverleibung Umfang und Zusammensetzung der alten Monarchie und deren ständische Vertretung völlig geändert, frühere Nothwendigkeiten beseitigt, neue geschaffen.

Preußen war, als es die deutsche Hegemonie noch suchte, auf straffe militärische und entsprechende administrative Centralisation hingewiesen.

Im Besitze derselben nördlich des Mains, noch werbend um diejenige südlich desselben, muß es zwar den Harnisch noch blank, das Schwert scharf geschliffen erhalten. Es muß aber zugleich, um seine Centralorgane von der gesteigerten Verwaltungswucht zu entlasten, um die angegliederten Provinzen auch innerlich mit sich verwachsen zu machen und um nord- und süddeutsche Bundesgenossen dauernd anzuziehen, es muß decentralisiren.

Die Verfassung ist das Rechtskleid des Körpers, für den sie gilt. Aendert sich Umfang und Gliederung des Körpers, so wird auch das Kleid sich ändern müssen.

Die erste Bresche auf der Bahn der Decentralisation ist der hessische und hannoversche Provinzialfonds. Durch diese Bresche werden, man verhehle sich das nicht, folgenreiche Umgestaltungen, auch für Altpreußen sich Bahn brechen. Der alte Streit, ob Preußen in Deutschland, oder Deutschland in Preußen aufzugehen habe, wird seine Lösung in einem Dritten, Höheren finden. Preußens Krone überkommt die deutsche Reichsgewalt. Es werden aber damit auch Preußens Provinzen deutsche Reichslande. In einem alten vor mir liegenden Geographiebuche aus dem Jahre 1791 heißt es vom niedersächsischen Kreise wörtlich: „Es gehören dazu: I. Das Herzogthum Magdeburg, welches dem Könige von Preußen gehört .... VI. Die churbraunschweigschen Länder. Von diesen ist der Churfürst von Hannover Landesherr, welcher auch König von England ist."

So werden vielleicht schon ein Menschenalter weiter Schlesien, Sachsen, Hannover, Würtemberg als coordinirte Reichslande mit Mediathoheit und Vertretung, erstere den König von Preußen, letztere die Könige von Sachsen und Würtemberg als Territorialhaupt an der Spitze, verbunden im Reichsverbande unter dem deutschen Kaiser aus dem Hause Hohenzollern, aufgeführt werden. In unserem in Geltung stehenden Gesangbuche für die Herzogthümer Bremen und Verden von 1789 sind noch jetzt

(Nr. 589) die Fürbitten für den deutschen Kaiser und für den König neben einander enthalten. Sie werden unverändert bleiben können und demnächst statt auf Wien und London gemeinsam auf Berlin zu beziehen sein.

Die Geschichte macht zwar keine rückläufigen Bewegungen. Die alten Reichskreise, an deren Wiederherstellung noch Stein dachte, werden nicht wiederkehren. Wohl aber wiederholt die Geschichte alte Wahrheiten in neuer Form und abgegraben gewesene Ströme suchen, im Wiederbesitz ihrer früheren Gewässer, ihr früheres Bett wieder auf. Was in dem sich neugestaltenden Deutschland von gesammtstaatlicher Bedeutung ist, wird der Reichsgewalt zufallen; was territoriale Bedeutung hat, wird mehr und mehr auf das übergehen, was man in Preußen Provinz, anderswo Particularstaat nennt.

Die Wahrnehmung provinzieller Sonderinteressen, Preußen anlangend, durch Provinzial-Regierungen und Vertretungen ist viel freiheitlicher, als die Regierung von 24 Millionen durch ein Ministerium und 432 Abgeordnete. Sie wird auf die außerpreußischen Länder eine weit stärkere Anziehungskraft ausüben, als die chartirten Verfassungsfreiheiten des Abgeordneten Waldeck.

Nur solche Ziele, die Zurückversetzung von Fürsten und Territorien in die Stellung von Reichsfürsten und Reichsländern, die Rückgabe der mit Ausbildung der Territorialsouveränetät von den Reichsfürsten usurpirten Rechte an Kaiser und Reich, nie das nackte Eroberungsrecht der völkerrechtlichen Compendien, vermögen die Annexionen unfeindlicher Länder, Expropriationen fürstlicher Hoheitsrechte durch den Grafen Bismarck materiell zu legitimiren und nachhaltig damit zu versöhnen.

Kehre ich von diesen allgemeinen Betrachtungen zum jetzigen Preußen zurück, so tritt mir die Forderung einer Reorganisation der altpreußischen Kreis- und Provinzialstände entgegen.

Das Urtheil über die Art der Durchführung dieser Forderungen entzieht sich meinem Wissen.

Für die Provinz Hannover nehme ich ein Urtheil in Anspruch. Hier ist dieselbe im Wesentlichen vorerst erledigt. Durch die Verordnung vom 12. September 1867 sind die Amtsversammlungen beibehalten und für Kreisangelegenheiten zu Kreisvertretungen erweitert. Man wird den letzteren namentlich noch den Landstraßenbau und ähnliche materiell wichtige Localangelegenheiten zuzuweisen haben. Ueber den Amts- beziehungsweise Kreisvertretungen ist, in Uebereinstimmung mit den Wünschen von Vertrauensmännern, auf Grund der Verordnung vom 22. August 1867 eine Provinzialvertretung in Wirksamkeit getreten, welche neben einigen Virilstimmberechtigten aus je 25 Vertretern des größeren Grundbesitzes, der

Städte und der Landgemeinden besteht. Sie ruht auf der Grundlage der reorganisirten hannoverschen Provinziallandschaften. Nur die indirecte Wahl eines Theils der städtischen und Landgemeindevertreter durch die älteren Provinziallandschaften, statt der directen durch die Wähler selbst, möchte sich anfechten lassen; sonst ist die Einrichtung befriedigend.

Ein großer Theil der Angelegenheiten, welche überhaupt nur provinziell, oder doch provinziell richtiger zu regeln sind, z. B. die Wege-, Deich-, Siel-, Höfe-, Schuldotationsgesetzgebung, werden zwar, weil sie der gesetzlichen Unterlagen bedürfen, den beiden Landtagshäusern zu Berlin vorzulegen sein. Es ist aber wünschenswerth, daß sie ihren Weg in verstärktem Maße durch den Provinziallandtag nehmen, daß das Gutachten desselben in verstärktem Maße respectirt werde.

b. Verwaltung. Die Provinzial-Verwaltung des Oberpräsidenten und seiner Organe ist selbstredend entsprechend zu vervollständigen. Einer Aeußerung über das Maß enthalte ich mich, weil die allgemeinstaatlichen Rücksichten mit maßgebend, mir aber nicht genügend bekannt sind. Nur so viel ist gewiß: halbe Maßregeln wirken stets nachtheilig. Will man decentralisiren, so gebe man den Provinzialverwaltungen ein Stück eigenen befriedigenden Daseins.

Schon die vorstehende Auffassung führt mich dahin, für die Provinz Hannover eine Regierung zu fordern. Ein Armeecorps, das selbständig vor dem Feinde operiren soll, muß eine taktische Einheit unter einem Befehlshaber bilden. So auch die Regierung einer Provinz von 2,000,000 Seelen, die nicht lediglich Befehle ausführen, sondern selbst befehlen soll. Die Unterabtheilung in Senate, eine Abstufung zwischen Regierung und Oberpräsidenten, ist dadurch nicht ausgeschlossen.

Daß ich die Zusammenziehung sämmtlicher Landdrosteien zu einer Regierung mit dem Sitze Hannover für unbedenklich halte, ergiebt sich aus meiner oben gerechtfertigten Ansicht, daß wir auch ohne die Annexion dazu gekommen sein würden.

Die Eisenbahnen haben die früheren Größen- und Entfernungsbegriffe so sehr verschoben, dieselben laufen so sehr in Hannover zusammen, die Bedeutung der früheren Provinzialstädte war schon gegen Hannover so zurückgetreten, daß man nur etwas factisch schon Vorhandenes anerkennt, wenn man Hannover zum alleinigen Regierungssitz für die ganze Provinz macht. Wollte man beispielsweise, wie beabsichtigt gewesen sein soll, die Landdrosteibezirke Stade und Lüneburg zusammenwerfen, so würde dennoch Hannover am richtigsten der Sitz der gemeinsamen Behörde sein. Die Aemulation der Osnabrücker und Ostfriesen um den Sitz einer gemeinsamen Regierung beseitigt man am besten nicht durch das juste milieu einer Verlegung nach Lingen, sondern durch Verlegung derselben nach Hannover.

Anlangend die sachliche Competenz der Provinzial-Regierung, so sind die Ablösungs-, Theilungs- und Verkoppelungssachen bereits davon ausgenommen und einer General-Commission zugewiesen (Verordnung vom 16. August 1867). Die Domanial-Verwaltung, eine sehr umfangreiche ökonomisch-finanzielle Vermögensverwaltung, ist bis jetzt einer eigenen Abtheilung der Civil-Administration verblieben. Die Fortdauer dieser Einrichtung empfiehlt sich der Einheit und Geschlossenheit des Gegenstandes wegen.

Aehnlich scheint es mir mit der bis jetzt vom Obersteuer-Collegium wahrgenommenen oberen Steuerverwaltung zu sein. Das Provinzial-Schul- und Medicinal-Collegium steht ebenso.

Es würde dadurch zugleich eine durch ihren größeren Umfang geforderte Entlastung der Regierung im engeren Sinne ermöglicht.

Schwieriger ist die Frage der Consistorien, wegen ihrer gemischten, theils kirchlichen theils staatlichen Natur. Die katholischen Consistorien übergehe ich als Compromißorgane zwischen Staat und Kirche. Die noch bestehenden evangelischen Provinzial-Consistorien waren zweifellos Mitträger des landesherrlichen Kirchenregiments (§. 23 des früheren Verfassungsgesetzes vom 5. September 1848). Nach dem Inslebentreten der Kirchen- und Synodal-Ordnung vom 20. October 1864 für die Lutheraner, deren Erhaltung allerhöchsten Orts zugesichert ist, ging zwar ein wesentlicher Theil ihrer Zuständigkeit auf dem Gebiete der inneren Kirchenangelegenheiten auf das Landes-Consistorium über. Ein Theil aber verblieb ihnen nebst der Zuständigkeit für die externa und für die Volksschulsachen. Abgesehen von dem Schutze, den Art. 18 der Verfassungsurkunde vom 31. Januar 1850 gewährt, empfiehlt sich die Aufrechthaltung der gemeinsamen Wahrnehmung der interna und externa durch eine Behörde aus Zweckmäßigkeitsgründen.

Es kann sich aber nun fragen, ob man die letztere für ganz Hannover concentrirt und mit dem Landes-Consistorium in Verbindung bringt.

Die Generalsuperintendenten der jetzigen Provinzial-Consistorien würden dann beizubehalten und sie sowohl wie die Kirchen-Inspectionen (Kreishauptmann und Superintendent) mit erweiterter Machtbefugniß zu versehen, aus einer Durchgangs- zu einer entscheidenden Instanz zu machen sein. Ein Umstand außer dem voraussichtlichen Eingehen der Landdrosteien weist noch besonders auf eine derartige Gestaltung hin. Es ist dies die Abwesenheit von Provinzial-Synoden neben den Provinzial-Consistorien. Wir haben nur eine Kreis- und eine Landessynode.

Die Militairsachen scheinen mir in Beziehung auf die dabei erforderliche Mitwirkung der Civilverwaltung organischer, als durch die Ersatz-Instruction von 1858 geschieht, mit der Provinzial-Regierung in Verbindung gebracht werden zu können.

Für die innere Einrichtung der letzteren halte ich den Grundgedanken Stüve's von 1849 richtig: Collegialität, wo es sich um Privat- oder gesetzliche Rechte Einzelner handelt, im Uebrigen Entscheidungsbefugniß des Chefs.

Von großer Bedeutung erscheint eine feste öffentlich promulgirte Competenz-Abgrenzung nach oben und nach unten. Die Kreisverwaltung wird der Provinzialverwaltung analog selbständiger zu stellen, die Recursverfolgung in bestimmt namhaft zu machenden Angelegenheiten auf die Provinzialregierung zu beschränken sein.

Bezüglich der untern Verwaltung hat ohne Zweifel die Verordnung vom 12. September 1867 für die nächste Zeit das Richtige getroffen. Die Aemter und Amtsvertretungen sind erhalten, zugleich aber mehrere Aemter bzw. Städte „für weitere Verwaltungs-Zwecke" zu Kreisen vereinigt.

An die Spitze des Kreises tritt nicht ein besonderer Beamter, sondern (nach Analogie der Superintendenten, welche zugleich Pfarrer sind) auftragsweise einer der Amtsvorsteher (Amtshauptmänner), der dann den Titel Kreishauptmann führt.

Neben demselben wird eine aus den betheiligten Amts- und Städte-Vertretungen hervorgegangene Kreisvertretung wirksam. Die besondere Competenz des Kreishauptmanns ist, abgesehen von der Leitung der Kreisvertretung, noch nicht festgestellt. Voraussichtlich werden außerdem dazu der Civilvorsitz beim Kreisersatz-Geschäft, die Vorrevision der Steuereinschätzungen gehören. Die Landstraßenverwaltung wird hinzukommen müssen.

Diese Einrichtung befriedigt für die nächsten Jahre die vorliegenden Bedürfnisse. Sie erhält der Provinz Hannover im Wesentlichen ihre werthvolle Städte- und Aemter-Verfassung. Sie schafft zugleich für Landtagswahlen, Militär-, Steuer- und Communal-Bedürfnisse größere, den preußischen Kreisen entsprechende Bezirke. Vor Allem ist es ein richtiger Griff gewesen, das Kreishauptmanns- mit dem Amtshauptmanns-Amte coincidiren zu lassen. Die Wahrnehmung der Geschäfte auch bei den größeren Aemtern durch einen Beamten wird wegen des Ueberganges eines Theils derselben auf den Kreishauptmann, wenn die Domanialverwaltung wegfällt und wenn der Amtshauptmann einen routinirten Subalternen zur Seite erhält, möglich sein. In der Beiordnung einer Art

Kreissecretärs liegt eine Rückkehr zur Stüve'schen Amtsordnung von 1852, welche dem Beamten sogenannte Amtsgehülfen zur Seite stellte. Dieselben vertraten den Beamten in Behinderungsfällen. Ihnen lagen Protokollführung, Registraturarbeiten, Aufstellung und Führung von Verzeichnissen, Rollen, Berechnungen sowie Rechnungsprüfungen, die Polizeiaufsicht im Amte, Vertheilung der Gesetzsammlung, die Beschaffung von Hoheitsleistungen 2c. ob. Auf diese Einrichtungen wird zurückzugreifen sein.

Was die im Abgeordnetenhause geforderte stärkere Heranziehung von Communalverbänden, Gemeinden und Einzelnen zur Wahrnehmung staatlicher (nicht communaler) Obliegenheiten anbetrifft, so ist oben bereits an verschiedenen Stellen hervorgehoben, daß dieselbe in Altpreußen in erheblich stärkerem Maße, als bis 1866 in Hannover, stattfindet. Irrig würde es aber sein, daraus ohne weiteres auf größere Zuständigkeit bzw. Selbständigkeit der Gemeinden 2c. zu schließen. Die Beauftragung mit Listenanfertigungen, Behändigungen, die Abwälzung von Kosten auf die Communalkassen enthält dieselben noch nicht.

Etwas Anderes ist es, wo die selbständige Wahrnehmung bestimmter Geschäfte oder Mitentscheidung bei deren Erledigung auf nicht staatliche Functionäre übergeht.

In Hannover war dies bei den Magistraten, soweit dieselben Obrigkeit waren, bei den Geschwornen und Schöffen rücksichtlich der Strafrechtspflege, im gewissen Sinne auch bei den Wegeverbandsvertretungen rücksichtlich der Landstraßen der Fall, die keineswegs nur Communalstraßen sind.

Und da ist denn anzuerkennen, daß Altpreußen nicht blos in seiner Landraths-Institution, sondern auch in seiner Militär-, Steuer- und Wahl-Gesetzgebung auf der Bahn zu jenem Ziele einen erheblichen Vorsprung vor Hannover voraus hat. Die allgemeine Wehrpflicht mit ihren Freiwilligen und Landwehr-Officieren aus dem Civil, die außerordentlichen Mitglieder der Kreisersatz-Commissionen, die Commissionen zur Einschätzung der Gebäude-, Klassen-, Einkommen- und Gewerbesteuer aus den Betheiligten selbst, die Leitung der Reichs- und Landtags-Wahlen durch Gemeindebeamten 2c. bezeichnen diesen Vorsprung näher.

Von einer Rückkehr von diesem System kann, namentlich bei einem Großstaate, so wenig die Rede sein, daß wir uns vielmehr in den neuen Landestheilen dessen Vorzüge, allerdings mit den davon unzertrennlichen Lasten, gern anzueignen und dabei mitzuwirken haben. Wohlfeiler wird die Sache dadurch volkswirthschaftlich nicht werden. Geschulte Unterbeamte arbeiten rascher, besser und wohlfeiler als Laien. Es wird deshalb jenes System seine Grenzen haben müssen. Das Princip der Arbeitstheilung führt eben dahin. Andererseits wird die Muskelkraft der

Bürger an den staatlichen Turnübungen erstarken — auch ein Vermögens-Zuwachs für das Ganze!

Ich komme auf die Aemter- und Kreis-Verfassung von 1867 zurück. Im Laufe der Zeit werden allerdings Modificationen derselben eintreten. Aus einem Gusse ist die jetzige Einrichtung nicht. Die Uebertragung landräthlicher Functionen für mehrere Aemter auf einen Beamten macht dieselben — das hat der Civil-Vorsitz in den Kreisersatz-Commissionen bereits hinlänglich gezeigt — complicirter und kostspieliger. Ebenso tritt nach einer andern Seite, nach unten hin, eine unzweckmäßige Cumulation hervor.

Außer den Beamten ist bekanntlich in Hannover auf etwa 7—8000 Seelen ein Amtsvogt vorhanden.

Manche der neuern Geschäfte, z. B. Stammrollenführung, Steuereinschätzung, würden den Vögten richtiger direct unter dem Kreishauptmann statt unter dem Amtshauptmann übertragen, während die Landbriefträger eine Entlastung der erstern rücksichtlich der Zustellungen ermöglichen.

In der Gemeindeverwaltung und Kreisvertretung endlich wachsen auch für staatliche Geschäfte in erweitertem Umfange verwendbare Kräfte neu heran.

Die Zukunft wird, das läßt sich mit einiger Sicherheit voraussehen, Aenderungen bringen. Eine Verschmelzung der Aemter und Vögte unter Uebertragung eines Theils der Obliegenheit der letztern auf die Gemeindebeamten, vielleicht unter gleichzeitiger Rückkehr zu den kleinen Aemtern von 1852, allmählige Uebertragung der wichtigern obrigkeitlichen Zuständigkeiten namentlich der Entscheidungsbefugnisse auf den Kreishauptmann, ausnahmsweise die Verwendung tüchtiger Kreissecretäre und geschäftsgewandter Guts- und Hofbesitzer (desjenigen Elements Hannovers, welches dem landräthlichen Elemente der östlichen Provinzen entspricht) zu Amtsvorständen werden als spätere Consequenzen der Kreiseinrichtungen sich geltend machen. Das mag manchem Althannoveraner eine unerquickliche Aussicht sein. Die Zeit hat aber bereits ganz andere Größen, als die ohnehin schon erblichene frühere Aemterherrlichkeit hinweggenommen. Den ernsten Aufgaben gegenüber, welche sie stellt, haben wir nicht Liebhabereien zu pflegen, sondern den Gesetzen einer fortschreitenden Entwickelung zu lauschen und Gehorsam zu beweisen. Für den Augenblick ist es wichtig, bei den getroffenen Einrichtungen stehen zu bleiben. Ein baldiges Rütteln daran würde viel Gefahr enthalten. Auch für die Zukunft ist wichtig, in den Aemtern eine Schule für den Staatsdienst der ganzen Monarchie beizubehalten. Der Dienst von der Pike an ist für das Civil nicht minder werthvoll, wie für die Armee.

Eins aber ist, was mich für meinen Theil wegen des Abnehmens unserer, in ihrer Blüthezeit werthvollen Aemterverfassung tröstet, das ist die Hoffnung auf ein gleichzeitiges Zunehmen der Gemeindefreiheit und communalen Selbständigkeit. Sie erwächst nicht mit einem Schlage. Das Beamtenthum wird noch lange die Stütze des jungen Stammes abgeben müssen. Die Stütze ist aber des Baumes, nicht der Baum der Stütze wegen da. Kann er ihrer entbehren, so trete sie willig in den Hintergrund.

FSC
www.fsc.org
MIX
Papier | Fördert
gute Waldnutzung
FSC® C083411

Kolibri 360 GmbH
Ferdinand-Jühlke-Straße 7
99095 Erfurt, Deutschland
produktsicherheit@kolibri360.de